꿈을 가꾸는 인생

꿈을
가꾸는
인생

백승록 시집

청옥

시인의 말

가난한 사람이란 재산이 없는 사람이 아니라 꿈을 가꾸지 않는 사람이고, 인생은 운명이라는 불가항력적인 것도 있다 하지만 그에 못지않게 선택도 중요하다. 선택은 꿈에 있으며, 꿈은 가꾸어야 한다. 꿈을 가꾸기 위해선 지혜로운 밑거름을 생산하는데 노력해야 할 것이다.

꿈의 밑거름이란! 지혜를 발굴하는 생각을 발효시킨 것이다.

독아지에다가 술을 제조하는 장인匠人 정신을 담아본다. 노력하지 않고 세월로만 발효시키는 술이 떠오른다. 발효과정은 게으름으로 수월 하겠지만 고르지 못한 기후에 관리가 부실할 때에는 부패되어 좋은 술을 빚기 어려울 것이다. 이런 부패한 술을 품에 안고 몇 년 된 술이라고 허상의 폼만 잡고 있으면 안 된다. 더 좋은 향과 맛을 겸비하고자 하는 꿈을 심어 놓고, 생각을 발효시켜야 한다. 격에 맞는 약초 찾아 혼합하고 때를 잘 맞추어 휘저어 주면서 온도를 맞추어 주는데 심혈을 게을리 하지 않는 노력이다. 그래야만 우리네 건강과 삶의 행복을 지켜주는 맛과 향이 좋은 술로 태어나는 것이다. 이런 술을 제조해서 자랑할 줄 아는 장인匠人이어야 한다. 노력으로 이룩한 꿈이야 말로 세상의 중심에서 영원히 아름다움으로 빛날 것이다.

꿈은! 세월만 앞세우고 속은 텅텅 비어있는 허울 좋은 껍데기는 원치 않는다. 게을리하지 않고 항상 생각이라는 고뇌를 기름지게 발효시키는 노력을 원하고 있다. 이는 자신이 튼튼하게 성장하고자 하는 알찬 선택이기도 하다. 내 인생에도 얻고자 하는 목표가 있다, 목표는 세월의 변화에 따라서 작았다가 커지고 다시 작아지면서 아름다움으로 내 가슴에 자리한 소중한 꿈이다. 그러하기에 창의력으로 발효시킨 생각이라는 밑거름으로 소중한 꿈을 기르는데 최선을 다할 것이다. 이는 바로 행복으로 가는 나의 삶이기에, 내 인생에게 주어진 천명으로 받아드리고 노력할 것이다. 내 인생에는 끝이라는 단어는 존재하지 않는다.

2015년 6월 어느 날

저자 백 승 록

| 차례 |

제1부 꿈

제2부 인생, 삶

제3부 그리움

제4부 계절, 자연

제1부

꿈

꿈

꿈이란
성공을 위한 설계이며 행복의 기틀입니다
좌절의 희망등불인
꿈은
세월을 탓하지 않습니다.
다만, 동행하고 있을 뿐입니다

하늘에 피는 꽃 중에서
제일 아름다운 노을꽃
하루의 꿈을 멈추지 않고
서산에 기우는 태양만이 피울 수 있습니다
인생에 피는 꽃 중에서
가장 아름답고 고결한 꽃
꿈을 멈추지 않는
황혼의 심중에서 설계한 꿈만이
피어 낼 수 있습니다.

영혼의 안식처

– 장수군 계북면 백암골에서

티 없는 하늘은 멀리 있고
붉은 산장으로 채색된 당신과 내 심상이
유리알가루 쏟아 내리는
현란한 창공을 거닐고 있습니다.

익어가는 가을바람에
겨울 산장지기 상록수는 나이테 그리고
낙엽수는 오색 요정을 비행시키고 있습니다.
들국화 향기에 도취된 내 마음이
낙엽수의 고운 잎사귀 되어
당신의 숨결타고 산장을 비행 하고 싶어 합니다.

선명한 사계절이 반겨주고
노을빛이 담아주는 자연향기 가득한 터전을
이 가을이
당신과 내 심상에 내려놓고 있습니다.

초롱초롱 반짝이는 별들과
무언으로 속삭이던 따스한 두 손은
솔바람 자장가에 황홀한 꿈의 세계 헤매고

조잘대는 새들의 새벽 햇살 향연에
잡은 손이 일어나는 곳…
여기가 바로
찌든 삶의 묵은 때를 씻어주는
당신과 내 영혼의 안식처
백암골 이랍니다.

백암골

– 장수군 계북면

덕유산 혈맥 후미진 계곡 길로
백암고을의 훈훈한 인정이
숨 가쁘게 등정한다.

초목은 계절을 바꾸어 주고
산사의 적막이 토해낸
서정의 해맑은 속삭임 소리가
세월에 밟혀온 심신의
무거운 발길을 멈추게 한다.

선명한 허공을 향해 쏘아올린
못 다한
내 자투리 삶의 간절한 절규의 메아리
인생 무언으로 되 돌아와
진실을 노래하는 들꽃송이에
넌지시 자리한다.

황혼을 향해 길게 띄워 보낸
때 묻지 않은 자연소리는
소망의 애절한 심근타고 흘러

사계절이 생동하는 백암골에
당신과 내가 함께한
마음의 자아를 내려놓는다.

아내의 꿈2

사랑의 모닥불을 지펴야 했기에
삶의 땀방울을 택해야만 했던
아내의 꿈이
터벅이는 세상 여로旅路 위에서
무뎌진 행복의 날 세운다.

날카로운 시련의 가시밭에서
허덕이며 쓰러져가는
생의 비명 소리
응고된 투혼 위로 흩트려서 날리는
임의 꿈이
행복의 고비 당긴다.

빛나던 금빛 세월은
격동하는 세월에 휩쓸려 자취 없고
불사르던 투혼 조각으로 기워서 만든
남루 걸친 아내의 꿈이
황혼 빛 내리는 잡초에 앉아
희망 엮는 눈빛으로
심상에 고인 질긴 역경의 인고忍苦 액
길게 몰아서 토해 낸다.

관음사의 봉축
– 삼량진 염동 관음사에서

깨우침의 가냘픈 봉오리가
내 가슴에
당신은 따사로운 자비로
커다란 광명 꽃을 피워줍니다.

우주의 진리가 걸쳐 놓은
중생과의 인연 줄에
줄줄이 매달린 염원의 봉오리들
개화의 부푼 희망으로
벌겋게 상기되어 있습니다.

하얗게 취하고 싶은 불심의 숨결을
사랑으로 스치는 석가모니불의 금빛 광명
평화의 누리를 걸망하고
만행을 떠납니다.

불도의 지침이 절박한 오늘
도량 쳐 관음사에는
참회로 소원성취 소망하는
연등이
동리의 영광을 밝혀 주고 있기에
기도하는 간절한 가슴은 뭉클합니다.

내 인생

비 오면 척척하게 젖고
눈이 오면 하얗게 덮어쓰고
바람이 불면 흔들려야 했고
밟으면 밟히면서
광풍 세월에 떠내려 온
잡초씨앗 보다 더 미세한 내 인생이었다.

머무를 줄 모르는 것이
세월임을 배웠기에
내 맥박에서
자연소리 멈추는 날까지
외로울 땐 친구 불러
그리움에 사무치면 손 불러와
고독한 시련에 지친 맘 달래이면서
찾아주는 계절을 반겨하는
자연 품에다가
내 삶을 안착하리라

삶의 터

한파로 움츠린 일상을 잠시 접고
봄 향기 지피는 매화 군락 언덕배기에서
따사로운 햇살 한 가닥 당겨 앉아
굽이쳐 온 삶을 펼쳐 본다.

내 걸어온 굴곡 마디에는
부유하기 위해서
구차한 삶의 욕심 자국은 없다
주어진 현실을 추구 하고자
사랑으로 화합하려는 자국만이 즐비 할 뿐이다

걸어오면서 보았건 대
부를 휘젓는 타락된 불량 행복은
한 순간에 고통으로 침몰 될 수 있었지만
자연과 함께하는 진실한 삶
재물은 궁색하지만
마음이 풍요로운 행복의 낙원이었다
나 이제, 가진 것 없이
자연의 숨결에다가 작은집을 짓는다.
우리네 노을꽃 곱게 피우고
손들과 함께 할 쉼을 위해서
오두막 앞에 행복의 나무도 심는다.

아가야의 첫마디

어버이의 금쪽같은 분신으로
우주의 일원이 되었구나.
아가야
배가 고프거든 소리 내어 울고
배 불으면 향긋한 미소로
새근새근 잠자거라.

우리 아가야가 탄생의 첫마디 응애
세상을 환호 시키는 기쁨 이었단다.
아가야의 탄생을 알리는 이 소리는
울음소리가 아니었고
큰 꿈을 펼치고자 기약을 맹세하는
우렁찬 외침이었으리라!

사랑하는 아가야
꿈을 향해 건강하게 잘 자라서
사랑이 아쉬운 이 세상을
아름다움으로 바르게 포효 해다오.

들꽃과 유년

이슬 물은 아침햇살이
산골 창문을 열어주면
홀로되는 유년의 하루는
들꽃과의 외로운 동무로 시작됩니다.

덧없는 세월이
오늘을 서녘 위에 올려놓고
서러운 노을빛 곱게 펼쳐주면
고행 떠난 형을
노을빛에 훌쩍이며 기다리는 유년의 가련함
그리움으로 찡얼찡얼 불러 대다가
스스로 치쳐버리는 기다림
외로움 쌓이는 적막에 움츠려 앉아
가시지 않은 들꽃향기로 별을 헵니다.

향수 속에서 고이 잠든 형의 그리움을
들꽃과 유년의 아련한 추억으로 달래며
사계절이 부르고 들꽃이 반겨주는
한적한 백암골에서
임의 영혼으로 머물고 싶습니다.

돌맞이

– 할아버지

티 없는 아가야와의 일 년 세월
무지갯빛 일상이었다.
서광이 찬란하게 장식해주는
샛별의 돌맞이
인생길을 채찍 해주는
축복의 함성이 우렁차구나.

아가야
인생 수련장에 바른 꿈을 심는 돌맞이다
꿈이란
행복의 설계이고 인생의 기틀이란다.
세상에 널려있는 수많은 장애물
꿈의 창의력으로 심념을 다할 때
자신의 세상을 발견하게 될 것이다.

사랑하는 아가야
부모님으로 부터 받은 최고의 선물은
너에 타고난 몸과 맘의 재능이란다.

참신한 꿈으로 갈고 닦아 반짝일 때
파노라마 같은 행복이
인생행로를 밝혀 줄 것이다.
예쁜 우리 아가야의 행복은
엄마 아빠의 행복이며 가정 행복이란다.

아가야 먼 훗날 읽어 주려 무나!

매화의 찬미

일생이 차가워도
선비 기풍을 버리지 않는 너,
시샘하는 설풍에 굴하지 않고
불의와는 타협 할 줄 모르는
청렴함은 너에 지존이다.
한기 가시지 않은 춘설 바람으로 피워낸
도자기 같은 다섯 잎
하얀 향기는
봄의 전령 이었다.

겨울 산장지기 상록수한테
푸른 절개가 있다면
너 또한
대나무와 함께하는 세한삼우歲寒三友에 일원이다

세월에 떠내려가는 미녀인 냥
허무가루로 흩어져야 하는
너에 고은 순백의 일생을 향해
입맞춤 같은 내 따사한 숨결로 찬미한다.

꿈의 소망

인생 경륜이 쌓여 갈수록
꿈의 소망은 작아만 가고
외로움과 고독이 웅성거리는
산간 터전을 만족해야하는
심신의 추억 속엔
행복이 내미는 금빛 세월보다
육신 부시는 고달픈 역경 세월이
더 즐비했다.

고독과 외로움이 군림한다는 것
참된 행복을 위한 인고였음을
깊이 깨달은 내 꿈이다
지난날 속 철없이 좇았던
금은보화를 탐욕 하는 쭉정이 세월은 아니다.
이제는
덧없이 흐르는 세월을 존경하면서
삭정이에 양단 걸친 소갈머리 없는 삶보다
미세한 바람에도 고마움을 표시하는
가냘픈 잡초 한 포기와 함께하는
아름다운 삶을
더 사랑하고 싶어 하고 있다.

꿈을 부풀리는 설한

조각달빛이 차가운 겨울밤
동면하는 숫한 꿈들과 함께
바시락이는 낙엽 길을 산책합니다.
발부리에서 부서지며 전해 들려오는
가을 잔해의 비련이
내 삶의 일기장인 듯 싶다.

희망의 꿈이 얼어붙은 엄동설한
시린 밤하늘엔
은빛 영혼을 불태우는 별은 졸고
백설이 차갑게 침묵하는 외가닥 오솔길엔
발길 그림자로 동행하는 설한풍으로
희망을 갈고닦아 꿈을 부풀리는
작은 씨알들의 인고로
얼어붙은 심심산판의 겨울밤이 훈훈합니다.

겨울비

별빛 없는 긴긴 섣달 밤
북풍 적막은 곤히 잠들어있고
설한 물결이 내려놓은 시린 밤바람에
한풍마저 가까이 할 수 없는
겨울비가
움츠린 엄동설한을 적시고 있다.

아직은
앙상한 실가지 끝에 은신해야 하는
봄의 생기
차가움에 가로등 불 마저 고개 숙인
겨울비 속에서
얼어붙은 한기를 밀치고 귀환할
어린 생명들의
꿈을 부풀려 주고 있다.

가을 희망

지새우는 귀뚜라미 연가에
달아오른 한낮 열기 해열되고
성장 멈춘 초목
연노랑 가을 채비 분주 합니다
잿빛으로 드높아가는 벽공아래
보랏빛 들국화 향기는 산야 구석 찾아 나르고
초록평야는
풍요로운 황금벌판 꿈에 부풀어있습니다.

결실 행복을 걸망하고 가을이 오고
못다 한 아쉬움으로 떠내려간
내 통한의 사십년 세월도
다가오는 가을처럼
인생행복의 꿈이 참회를 걸망하고
참된 내일을 향해 다가옵니다
목발에 의지한
절름발이 심장의 속죄를 털어 버리고
아름다운 인생 황혼이 자리할
샘물 같은 희망을
가을과 함께 기다리고 있습니다.

흐르는 세월

세월이
강물처럼 유유히 흐르는 것은
계절을 바꾸기 위해서가 아니라
세상을
채색 해주기 위해서 랍니다.
그러하듯이
정처없는 뜬구름이
시름없이 흘러주고 있는 것 또한
내 인생을
허무감으로 흘려보내고 싶어서가 아니라
아쉬움으로 비어있는
내 삶의 이력 공간을
알차게 채워주기 위해서랍니다.

산사의 차향에 취해

– 원각사에서

남해 쪽빛 물결은 오륙도 일렁이고
휘감아 도는 운치에 포근히 안긴
원각사의 부처님 진리 품에서
청아한 차향을 음미하며 취해본다.

별빛을 찬란하게 빛내주기 위해
어둠은 겹겹으로 쌓여주고
산사 차향 숙성을 위해
포말은 해풍을 토해
쉼 없이 올려주고 있으며
우리전통 차의 독특함을 빛내기 위해서
낯선 찻거리가 때 몰려오고 있음이다.

원각사의 불심으로 숙성된
정갈한 고유의 깊은 차향에
일상 젖은 커피향이
녹아내리는 눈꽃처럼 성가시게 질퍽이고 있다.

제2부

인생, 삶

인생꽃

내 삶이 걸어온 숨 가쁜 길은
수많은 우여곡절로 척척하다

마른 눈물조차 멈추게 하는 슬픔은
독버섯처럼 번져 고통으로 응고되었고
좌절이라는 인생 암 덩어리로 커져버린
절망은
터진 봇물처럼 걷잡을 수 없이 범람했다
체험으로 끝내지 못했고
희망으로 지우지 못한
부실한 내 의지는 좌초되었고
좌절과 슬픔의 멍에가 목덜미에 걸쳐
오시는 즐거움 잠시 쉬어가게 할 수 없는
나는 세상 바보였다.

행복을 엇박자 치는 멍텅구리 세월을
한쪽 한쪽 지워가고 있는
자투리 삶은 지금
진실을 노래 부르는 잡목 군락에
맘 담가 놓고
노을꽃 같은 인생꽃을 피우고 있다.

순백의 넋

봄 햇살에 피어오르는 사랑처럼
하얗게 타오르는 너의 열정에
시야는 어지럽고
격정을 가누지 못하는
붉은 심장의 함성을
당신은
고혹한 숨결의 향연으로 화답합니다.

하얀 환희가 춤추는 마지막 밤
소갈머리 없는 검은 물결이
별빛 달빛 가려놓아
외로운 가로등이 봄비 젖어 슬피 웁니다.
지새우는 비바람에 시퍼렇게 피멍 들어
허무가루로 흩어지는
당신의 분신을 휘날리며
아스라이 멀어지는 세월 열차 기적소리가
이별을 쓸쓸하게 흘려줍니다.

내 영혼속의 그대

– 한서병원에서

그대 사랑이 내 가슴에 있기에
가물거리는 맥박은 멈출 수가 없습니다.
태양빛은 어둠으로 산화되고
병실 유리창 너머
별빛이 쏟아 내리는 밀어를 음미하는
내 영혼이
은하수를 종종걸음 합니다.

따스한 그대 숨결이
내 심상에서 맥박치고 있기에
절망의 외로움은 없습니다.
엄동설한 시리게 퍼붓는 눈발 들치고
몸부림으로 미소하는 새싹들의 봄날 향연처럼
내 심신은 황홀합니다.

암흑의 두려움 속에서 꿈틀대는 삶…
원액 같은 진실한 그대 사랑은
비상을 갈망하는
내 의지의 날개를 접지 않았습니다.
혹독한 겨울을 잠들게 하는
봄날의 자장가 사랑처럼

당신과 나의 존재

언제부터 이었던가
삶이라는 커다란 세상 장벽이 가로막아
당신의 모습을 볼 수 있는 날이 뜸했습니다.
마음과 마음을 통신해주는
촉감의 전율이 연결해주는 고운 정으로는
외로움이 몸부림하는
허무감이라는 커다란 공간을 채우기에는
턱없이 부족했습니다.

당신과 나
서로를 배려해주고파 하는 고뇌의 아픔을
꽃피워 내지 못하는 안타까운 사연
애절한 가슴으로 아리게 읽어 왔습니다.
개성의 욕심은 버려야했고
함께하는 욕망으로 가꾸어온 세월
오늘엔 탐스러운 열매되어
알찬 씨앗으로 여물어갑니다.

지금!
당신과 내가 걸어가야 할 길 앞에
그 무엇 하고도 바꿀 수 없는
아주 소중한
인생 유종의 미라는 사랑이 걸쳐있습니다.
짧은 황혼길 앞에서 서성이고 있는 인생을
시작하는 오늘을 발판으로 다져놓고
우리 삶의 후미진 인생 골에서
솔바람에 고마운 인사 잊지 않는
들꽃 같은 삶으로
심상에 남아있는 사랑존재를
자라나는 우리 그리움들의 가슴에
영원히 머물러 있도록 안겨주는 것입니다.

어머니

당신의 매서운 사랑으로
내 인생은
삶의 지혜로움을 배웠습니다.

나의 작은 영혼 속에서
알알이 탐스럽게 익어가는
진리의 열매
당신의 금쪽같은 분신의 사랑으로
잉태된 것입니다.

마음 아프게 에이는
당신의 여울 같은 지침…
정숙으로 한 움큼씩 받아먹던
내 지혜들의 심상에서
전설같이 사라지지 않는
금빛 교훈으로 남아 있습니다.

모정의 영상

깨어나는 어둠 속에서
사모의 햇살은 퍼지고
분신들의
여린 가슴에 머물러 있는
모정의 해맑은 영상이 스쳐갑니다.

우리네 심상에서 꿈틀대는
여울 같은
당신의 인생 자국 위로
되돌아보는 세월이
흔적을 더듬고 지나갑니다.
잊으려 해도
작아지는 가슴을 비집고 기어 나오는
포근한 모정의 그리움…
주인 떠난 빈자리는
허무만이 텅 빈 가슴을 채워주고 있습니다.

사별의 아픔을 진하게 토해내는 슬픔에
질긴 그리움으로 목 줄 매여진
모정의 영상
분신들의 마른 눈물에 아리게 젖고 있습니다.

불량이 앗아간 봉오리

정의롭지 못한 불량이 저지른
엄청난 참사에
고귀한 인명이 수몰되고
채 꽃피우지 못한 조국의 희망 봉오리들이
차디찬 남해 안고 쏟아내는
원망어린 통한의 눈물이
세상 가슴 핏줄 타고 서러워하고 있습니다.

한 서린 불량호에서 떠나지 못하는 혼들
남해의 팽목항을 맴돌며
꿈을 터트리지 못한 봉오리의 서러움을
봄비로 슬피 울고 있습니다.
불량특권, 불량종교, 불량사랑, 불량행정 등등
세상을 파렴치하게 파괴하는 불량들을
자신들의 영혼으로
싹쓸이 정화시켜 달라 항거하면서…

빗나간 삶을 원칙으로
세상을 부패시켜 생명의 존엄을 앗아가는
황금에 타락된 불량들
싹으로 발화되지 못하게 퇴치하여
가련한 어린 혼을 달래어 줄 때
망가진 세상 가슴에선
미소하는 희망 꽃이 향기로울 것입니다.

불량 정화로 닦아내야 할 봉오리들의 슬픔
맥박이 고동치는 우리의 몫이랍니다.

사랑의 생채기

피어나는 햇살에
혹한은 춘곤에 취해 깊이 잠들고
온 누리가
부픈 희망으로 들떠있는 춘삼월
행복의 씨앗 하나 세상에 묻는다.
푸석푸석 해동하는 흙더미 밀치고
샛노란 생명이 꿈을 내밀면
한줌 햇살이 더 더욱 절실 했다
가림 잡초 제거해주고
별빛이 시리게 내리는 서릿발
좁은 가슴 넓게 펼쳐 덮어 주면서
비바람에 쓰러질까 염려스러워
여린 심신은 강한 받침대로 밤을 지새워야 했다

훈풍에 성숙하는 금쪽같은 내 사랑
반듯한 거목으로 가꾸기 위해
엉겅퀴 손발마다 하지 않고
가지 자르고 순 골라
인고하는 생채기의 시련을 안겨 주었다.

모질게 가슴 에이는 여울 같은 내 지침
미워서도 아니었고
내 입맛에 맞는 열매를 얻고자 하는
사욕도 아니었다.
인생 꽃으로 개화하여 세상 열매로 성장한
너에 의연한 모습에
가슴 뭉클해질
내 인생의 만족이 절실했을 뿐이다.

임의 향기

현란한 햇살이
허공에서 빤짝입니다.
티 없는 파란 허공에서
미끄러지며 유람하는 꽃구름의 행복처럼
세월의 거친 숨결에 떠내려 온
우리 인생 꿈이
노을꽃의 아름다움으로 피어납니다.

까만 심야에
별빛이 반짝이던 그 세월
희미한 은하수 길은 희망 이었습니다
휘몰아치는 비바람에 희망 등대는 캄캄하고
험난한 세상 파도를 절망으로 항해 하던
우리 삶이
끈끈한 사랑 노 하나로 암흑을 헤치고
행복의 갈피에 끼어들고 있습니다.
기틀은
산전수전 악투를
사랑으로 발효시켜 자아내는
임의 향기이었습니다.

세월

열두 징검다리 지르밟고
사계절을 건너온 한해가
세월이 그어놓은 분기점에서
작별 인사를 고한다.

청잣빛 창공은 사리 틀고
시린 물결로 유유 하건대
아직껏
미련이란 수식을 지우지 못하고
울어 에는 낙엽의 처절함이
내 세월의 인지認知인 듯싶다

눈보라는 손발 끝을 시리게 굴고
숙연해진 시선의 초점은
굴곡진 세월을 오르내린다.

다 가져갈 수 없는 부시라기 같은
삶의 고행을
메말라 버린 사랑으로 긁어모아
짜디짠 인생 눈물로 헹구어서
심근 헤비는 그리움에 얹어놓고
그 세월을 되돌아본다.

아가야 백일이구나.

어여쁜 내 아가야
세상을 터트린 지가 백일이 되니
찬미하는 함성이 우렁차구나.

꽃은 바람을 거역하면
향기를 낼 수 없지만
우리 아가야의 아름다운 향기는
바람을 거역해도
사방팔방 행복으로 번져 주고 있다.
그러하기에
타박한 심상은 항상 환희에 젖어야만 했고
나날이 성장하는
너에 아름다운 참 모습이
텅텅 비어있는 가슴의 쓸쓸함을
꿈에 벅찬 희망의 미소로 충만해주고 있단다.

사랑하는 내 아가야
화신이 몰려오는 자아의 세상 햇살이
아가야의 행운 씨앗을 터트려 주었으니
타고난 재능을 발휘하도록
건강하게 자라야 한다.

미래의 거목을 향해서 말이다.

아가야의 눈물

백일 무렵부터
할머니 할아버지를 보면
함성 웃음으로 온몸 휘저으며 반기는
우리 아가야다

행복의 사랑 속에서
반년 하고도 일 개월이 훌쩍 흘렀다.
비바람이 입추를 까시게 몰아붙이는 날
아가야를 그리워하는 할머니 영상 전화다
할아버지 뒤로 보듬어 받쳐주고
엄마가 화상을 보여 준다
달려가려는 듯이 기쁨으로 뛰며
안기고 싶어 휘둥그레진 아기사슴 눈동자가
할머니 품안을 애처롭게 찾는다.

토닥이는 작별의 사랑 전화기 꺼지고
분노하는 아가야 서러운 속눈썹에
진한 혈육의 정이 슬프게 대롱거린다.
엄마의 왕 눈도
아가야의 애린 눈물로 붉게 채색되고
끈끈한 혈육 정에 숙연해진
할아버지 열린 가슴에서 핑크빛이 일렁인다.

행복 그리고 욕망

어둠 속에서
숯덩이처럼 까맣게 타버린 사랑의 불꽃
당신과 내 따스한 가슴이
함께 품을 수 있다면
행복을 축복해주는
희망의 등불로 반짝일 것입니다.
사랑을 위한 행복이란
물질을 탐하는 혼탁의 욕망이 아니라
사랑을 추구하는 행복의 욕망입니다.
행복해야 할 둘만의 사랑이
탈선이란 사슬에 엉켜 신음한다면
혼란이란 커다란 희망의 불행입니다.
심장에서 발작하는 욕구 욕망이
정직된 사랑의 도구였더라면
인생 꽃밭은
행복의 향기로 가득 할 것입니다.
서로를 위해 헌신하는 사랑
세상 무엇과도 비교 할 수 없는
인생 행복의 희망 봉오리입니다.

인생 잔

살아온 세상이 기억되는 날부터
오늘날까지
남들처럼 나에겐
슬픔이 쌓이고 쌓여 가슴에 봇물이 고여도
종이배 하나 띄우지 못하였고
한 서린 통곡이 쌓여 숙성되었어도
원액 같은 희망으로 발효發效되지는 못 하였다
역경 세월을 걸어오면서
하나씩 던져놓은 내 삶의 돌무더기
심신이 갈가리 헤어지고
흔적이 지워지도록 허벼 보았건만
행복의 미소는 없고
서러움이 갈 구어 놓은 그리움 한줌뿐이다

욕구 없는 인생 끝 토막 움켜잡고
행복을 갈구渴求하는 내 삶이
지금
자작나무가 흘려내는 심산 적막 한 조각
잠시 빌려 앉아
끝이 보이지 않는 회상에 잠긴 채
실가지에 태질당하는
조각달의 은빛 살 한 움큼
엉겅퀴 같은 내 인생 잔에 담아
지펴 오르는 그날을 싸늘하게 음미한다.

자투리 터전

작아지는
우리 인생이 바라는 것
눈 부시는 찬란한 조형이 아닙니다.
자연의 정서로 피어나는
야생화가
행복해하는 외진 곳이면 족합니다
흐르는 순리 봇 쌓아 막는
이기적인 탐욕이 아니라
그냥 함께 흐르는 작은 삶이지요.

가지고자
남과의 경쟁으로 이기려하는
고난의 삶도 아닙니다
임과 나에게 주어진 그대로를 행복해하는
소박한 삶을 사랑해 주는 곳입니다

종종 찾아 줄
정情들의 지친 몸과 맘을 치유해주는 산골
티 없는 자연의 숨결에다가
진실이 맘 담가놓고 수련하는 백암골
여기가
우리 삶이 원하는 자투리 터전입니다.

들꽃과의 이별

멀고 험한 삼 계절을 고행해온
보랏빛과의 만남
정영 해어지기 위한
짧은 만남의 이별은 아니었는데
산사에
적막이 짙어오고
헝클어진 잡풀 위에 무서리 내려앉으면
무거워지는 자연 순리를 견디지 못하고
설한 길을 걸어오는
추상秋霜 발길이
들꽃과의 피할 수 없는
아쉬움 이별 인가 봅니다.

길[路]

길이란
소통을 위한 꿈의 통로이기에
꽃은 계절 길로 오고
새는 허공 길로 날아오며
일급수는 계곡 길로 내려옵니다.
행복은 고행 길로 오고
번뇌는 망념 길로 오며
탐욕은
구진 타락 길로 숨겨 오지만
깨달음은
청결한 마음 길로 구김 없이 옵니다.

구부러진 삶

온 밤을 울어에는 통한이 밀쳐낸
까만 어둠은 새벽을 열고
어수선한 잠자리 위에 벗어놓은 발자국에는
분노로 흥건하다
열기 없는 아침 햇살로 삶을 치유하는
진실의 처절함
알며 속아 주어야하는
바보 같은 우울증으로
단종 선고받은 인생이다.

꽃이 향기로운 것
열매가 살은 구미 있고 씨 부위는 구미 없는 것
후손을 위한 생존의 처방이다.
무엇으로도 대처 할 수 없는
잊어버린 삶
봄꽃 진달래 곱다하여
가을날 들국화를 대신 할 수 없는 것
시도 때도 없이 숨골에 흐르는 마른 슬픔이
고장으로 수리한 심장에 봇물처럼 고여
목덜미 핏대에서 튕겨 나오는
비릿한 붉은 피돌
내 인생을 송두리째 좀 먹은
구부러진 삶이다.

설한의 빈곤

동지 설한 아성의 사슬에서
허공은 한기 서려 목말라 하고
응고된 대지에 꽁꽁 얼어붙은
칼바람 때문에
아침 햇살이 몹시 힘겨워하고 있습니다.
독기서린 칼바람 사이로 전해오는
눈발의 재해 소식에
한파의 허기를 고통으로 움켜쥐고
설한 밤을 떨며 지새운 새들이
가로수 잔가지 하나 빌려 앉아
따스한 햇살 한 가닥 기다리고 있습니다.

가난의 자일로 목줄 매인 겨울은 떨고
북풍이 배송해주는
열약한 햇살 조각으로 온기 올리며
재잘거리는 작은 새들에
삶의 비애 소리는
더 불어 함께 가자는 세상의 외침입니다.

제3부

그리움

보리 볶음의 애환

신록이 약동하는 오뉴월
뙤약볕 열기를 가누지 못하는
우기雨期가
망종 절기를 지르밟고
건너옵니다.
초록 향기 풀풀 날리며
쏟아 내리는 장마 비가
보리가실 일손을 해작질하는 구진 날
삼베 적삼 짧게 걷어 올리시고
할머님의 사랑 손길 가시지 않은
허기진 가마솥 아궁이에
척척한 보리밀대 불 질러 밀어 넣고
연기 눈물로 볶아 주시던
어머님의
구수한 통보리 볶음의 애환이
하지 등 언저리에 쏟아지는 장대비 속에서
이슬 서린 두 시야에
그리움으로 아롱거립니다.

푸른 꿈길

청명 자락을 춤추던 연분홍
봄 추억으로 승화되었고
잎새 사이를 스치는 상기된 훈풍에
초록빛이 바르르 떨고 있는
여름 문턱에서
라일락 향기는 어수선하고
매혹한 보리 내움이
강 언덕 하얀 찔레꽃잎 위에
핑크빛 노을을 내려놓습니다.

하얗게 속삭여주는 찔레꽃 길
노을 젖은 강둑을 종종하던
삭정이 같은 꿈의 발자국들이
허무한 세월에
그리움으로 곰삭아
인생행로에 추억으로 걸쳐있습니다.

신록이 약동하는 푸른 꿈길
그 길은 지금
모든 것을 사랑하고 싶어 하는
석양빛이 찬란합니다.

저무는 산골

– 계북 백암골에서

옹골진 가을 햇살에
알알이 여물어가는 해바라기 사랑
화색미소 행복하고
티 없는 창공은 벽공으로 만삭입니다.

간지러이 춤추는 서늘바람에
가을 언덕배기의 외로운
들국화
하늘거리는 보랏빛 향기에
푸른 잎새 화사하게 퇴색합니다
임 부르는 풀벌레들의 애절한 절규에
공허한 산장의 적막은
당신의 그리움을 지펴 올리고
덧없는 세월에 새까맣게 그을린 채
내 가슴팍에 온새미로 주저앉은
까만 그리움이
당신을 향해서
외로운 별빛 하나 밝혀놓습니다.

그리움이 떠난 밤

– 설날 찾아온 손녀를 귀가시킨 할머니 맘

언덕 받지 양지바른 곳에서 피어나는
매화 향기에
어지럽게 취한 입춘이
엄습해온 한파 속에서 흐느적입니다.

정초의 밤은 꽃길 찾아 흐르고
초승달이 스쳐간 검푸른 허공엔
무수히 반짝이는 별빛들이
어둠을 밀치고 있습니다.
그리고
설날을 뒤로하고 떠난
내 그리움의 해맑은 미소를
텅 빈 외로운 가슴에 담아 줍니다.

허무감에 묻혀있는 쓸쓸함을
별빛으로 지워주고 있는
적막 쌓인 아린 밤이
그리움이라는
아름다운 꿈을 향해서 깊어가고 있습니다.

어머니 향기

넓고 은혜로운
어머니 사랑 속엔
항상 가족이 먼저였습니다.
어머니는
가냘픈 실바람에 마음 놓으시지 않고
강풍에 우뚝 서 계시는 강한 의지로
가족 하나하나 기둥 세워주시는
주춧돌이셨습니다.

힘에 겨운 시련의 풍파
주저하지 않으셨으며
분신들의 행복을 추슬러야 한다는
천명 같은 일념으로 심신 부셔
행복꽃 피우신 어머니

뒤 돌아보니
세상에서 가장 아름다운 향기는
마지막까지 분신들의 행복위해
한 몸의 희생으로 꽃피우신
우리 어머니 향기였습니다.

외로운 사랑

내 사랑 오시는 길에
들남이 울어 에니
달아오른 여름은 풀이 죽고
쌓인 폭염 밀친 그리움이
드리워서 자리 펼쳐 맞이합니다

당신의 숨결이 나르는
들국화 향기에
산야는 붉은 혈기 올리고
내 심장은 뜨겁게 부풀어 오릅니다

지새우는 귀뚜라미 연가에
문지방 시나브로 드나들며 엿보는
서늘바람 끌어당겨
우리 사랑 포근히 덮어주고
모로 누어
유리창에 흩뿌리는 사랑 별빛
행복으로 뒤적입니다.

서리 바람 몰아치는 계절이 오면
낙엽화로 내 곁을 떠나야 하는 당신이기에
긴 그리움으로 되돌아가야 하는
나
온 계절 당신 생각 끄지 않겠습니다
이 밤도
함께 할 수 없는 내 인생 사랑의 애달픔이
당신의 밤으로
아스라이 깊어 가고 있습니다.

그리움의 밤

초록이 짙어 갈 때
숯불 같은 붉은 자운영 꽃
달빛 젖어
오월 향수 흩뿌리고
좁다란 보리 뚝 사이로 찾아오는
반딧불 추억이
위태로운 심장에 자리합니다.

아쉬움으로 시들어 버린 푸른 꿈
시퍼렇게 피멍 들어 버린
추억을 헤집고
세상 눈물을 서럽게 내려줍니다
사랑도 미움도
기다림이라는 희망 세월은 상실되었고
심상에 메말라 붙은
그리움 조각들이
별빛이 적막타고 미끄러지는 밤마다
한적한 솔바람에 디자인되어
여린 삶 자국을 더듬곤 합니다.

사랑의 흔적

내 순정 심근에
당신이 뿌려 놓은 사랑씨앗
덧없는 세월 따라
싹이 트고 줄기 올려
가슴 깊이 뿌리내리었습니다.

꽃피우지 못한 채
아픔으로 산화되고 있는 당신 사랑을
냉정하게 팽개 치지 못하는
내 순정의 처절함
쭉정이 같은
그리움이 좋아서도 아니고
쓰라린 고독이 즐거워서도 아닙니다.
그리움과 고독이 마음 서리게 한다하여
당신과의 참 사랑뿌리를 솎아내면
내 붉은 심장이
아름다움으로 영원히 남기고 싶어 하는
우리 사랑 순정의 흔적이
내 추억에서
영원히 없어지기 때문입니다.

섣달 밤

섣달그믐이 가까이 다가오는
차디찬 타향에
어둠이 나래를 펼쳤습니다.

이 밤 따라
유난히 총명하게 반짝이는
별빛이
잠 못 이루며 손꼽아 기다리던
설날 추억 문을 사르르 열어 줍니다.

목청 높여 흘리는 닭 울음소리는
울타리 사이에 까먹게 얼어붙고
장단 맞추는 다듬이 소리는 적막을 헤치며
아련하게 달아나고 있네요.

희미한 등잔불 옆에서
뜨개질하시는 할머님의 손놀림이 분주 하십니다.
아마 설날 우리들에 설빔 인가 봅니다.

설 준비에
긴긴 섣달 밤을 뜬눈으로 분주하게 설치시며
힘겨워 하시는 어머님 모습이
이슬 서린 내 눈가에 영상으로 아롱거려
그리움으로 보고프게 스치는
섣달 밤이 깊어갑니다.

벗

설레임으로 찾아온 고향
벗은 없고
우리에 포근한 동심은
세월 두께에 쌓여
진한 그리움의 원액으로 발효된 채
벗과 함께 했던 마을 어귀를 맴돌고 있다네.
천진난만하게 뛰놀던 농지벌판에 그려진
우리 숨결만이 추억 젖어
아리게 흐르고 있을 뿐…
구석구석 모두가 탈색 되어버린
생소한 타향이
나를 나그네로 맞아주고 있구려.

너와 나
해 질 녘 물문水門위에 정겹게 앉아
동심 환상을 만끽했던 그날처럼
지금
붉게 물든 서녘 빛이
자리 옮긴 뒤 냇물에 녹아 흐르고
사라진 밀미산 허공에 올라앉은
곱디고운 노을빛만이
꽃잎처럼 휘날리고 있다네.

필筆의 속삭임

떠난 가을이 그리워서 일까
헐벗은 가지에서 머뭇거리는
싸늘한 달빛이 내 맘 인듯
가슴 에이도록 처량합니다.

"낙엽 밟는 소리 좋아하죠?
내 발길 무게에 따라 각자 노래합니다.
부스슥 바스슥…[필의 전문]"

고요히 흐르는 달빛으로 전율되어 오는
필筆의 속삭임 소리를
시름없이 뇌이면서 사뿐거리는 발걸음
일렁이는 달빛이 부서질까 봐
바스슥이는 낙엽소리 깨어질까 봐
행여나 필筆의 속삭임이 놀랠까 봐
고요히 사색 젖어 산보합니다.
내 그림자 발치에서
부스슥이는 낙엽소리
푸른빛으로 헹구어 영혼에 빼곡히 담습니다.
그리고
동면하는 필의 고운 숨결 향해
차갑게 스치는 갈바람에 띄워 보냅니다.

그날의 해변

입추 절기를 지르밟은
폭염은
펄럭이는 갯바람에 밀쳐 자취 없고
짠 내움이 모래알 철썩이며 노닐던
그날의
해변 그리움이
열대야 별빛 속에서 선잠 친다.

사랑 노 젓어야 하는 손바닥은
마디마디 물집으로 짓무르려 져 가도
수평선 한나절 행복은 짧았다
달빛에 밀려 오가는
주름진 해변의 사랑 행로
깜박이는 별이 등댓불 밝혀주던
아련한 해변의 그날 이야기가
빈집 선자 개판 위에 쌓여
푸석이는 먼지처럼
추억의 구릉 등 언저리에 쌓여가는
그리움이
가슴을 들썩거린다.

바다 그리움

임의 꿈결 같은 그리움 찾아
발길 닿은 곳
짠 내움이 척척한 바닷가에는
파도가
거센 태풍이 지나며 떨어뜨린
잔여 바람의 몸태질로
못다 한 분노를 삭히고 있습니다.

하얀 그리움
한 입 가득 물고 포효하는
파도
방파제에서 부서지는
애절한 추억의 비명소리로
사라지기를 반복 할 뿐
가슴 저리게 찾고 있는
임에 그리움은 여기에는 없습니다
그날처럼
서해 해변에서 순결 사랑으로
가물가물 아롱거리고 있을 뿐입니다.

신록이 짙어 오면

삼복 무더위를 가누지 못하는
산 수박이
붉게 숙성 될 때면
세월을 그리워하는
동심추억은 폭염 길을 종종걸음 합니다.

암흑에서 갈고 닦은
청아한 여름 목소리 매미 쫓다 지치면
냇물 덤벙이며 송사리 때 몰고
불 지르며 흐르던 성난 태양
노을빛으로 산화되어
서산 능선위에서 꽃피울 때
초가지붕 기어오른 하얀 박꽃
봉오리 펼쳐 서녘이슬 꽃잎에 받아놓고
노을 찍어 핑크빛 휘날립니다.
늘어진 땅거미 스멀스멀 숨을 거두면
반딧불 유성처럼 나르고
어둠은 별을 심어 줍니다.
모락모락 피어오르는
모깃불 연기 사이로 반짝이는

현란한 별빛 헤이며 동화 세계 헤매는 동심
마당 짚 멍석에서 스르르 잠이 듭니다.
신록이 짙어 오면
불볕더위와 함께 뛰놀던 내 고향 여름 향수가
세월 혈맥 타고 흐르면서
동심을 아리게 합니다.

아가야의 미소

노란 가로수 잎새가
달빛 젖어 아름답기에
해맑은 아가야의 모습 그려놓고 싶으나
서리바람이 걷어 갈까 봐
달빛에 반짝이는 해변의 모래알이 낭만어려
아가야의 고운모습 그려놓고 싶다만
밀려 오가는 포말이 안고 갈까 봐
휘영청 추야 둥근달에
정겨운 아가야 모습 그려 줄까 하였는데
밤이 차면 기울까 봐
조심스럽고
우리 아가야의 귀여운 모습
그려놓을 곳은
딱 한 자리 두 자리
허허로운
할머니 할아버지 두 심근뿐이네.

정초의 산장

입춘이 스쳐간 시린 길목
실가지 생기 올리는 는개비에
묵정밭 같은 우수가 목마름으로 해동합니다.

연노랑 길목에서 웅성거리는
잔 설풍 걷어들고
매향을 부화하는 하얀 우수를 해작질하는
응달 계곡 잔설이
아직은 목이 시린가봅니다.

훈풍 삭풍이 어수선한 능곡엔
정초 한낮 햇살은 미혹하고
별빛이 외로우면
되배기 하는 한기서린 잔풍 밀치기란
턱없는 열량이 버거워합니다.

화신의 마음은 그리움으로 기울고
아지랑이 그리워 맘 비워둔
심골 적막이
소생 할 경칩을 기다리며
긴긴 산장의 어둠을 지키고 있습니다.

해질녘의 백암골

가을걷이 분주한 아낙들의 해 질 녘
해 걷이 바람은 추색을 스쳐 어르고
산장이 어둠을 내릴 때면
별빛 밝히는 그리움이
공허한 가슴을 노크합니다.

깊어가는 가을은
백암 심계에 쌓여가고
개화하는 야생화의 하얀 향기에
이슥히 묻혀가는 만망의 사색 결에
밀려드는 임의 향수가
허허로운 고독을 대신하고 있습니다.

둠벙 같은 심곡心曲에 고여 있는
아린 외로움이
그리움이었고 사랑이었나 봅니다.
발랄한 외상은 겉마음에 불과했으며
임 향한 진실한 속마음은
내 가슴에 묻혀 침묵하는
그리움이었습니다.

운장산의 추억

허공에다가 바다를 띄워놓은 냥
파란 하늘 드높이 흐르고
흰 구름 몇 조각 가을을 유람한다.
스산한 갈바람은
색동옷 초목에 걸쳐 놓고
나의 푸른 옛 꿈을
운장산 창공에 펼쳐 놓는다.
닿을 듯 닿을 듯 닿지 않는
머나먼 벽공 아래
정숙으로 흘러내는 계곡물의 서곡은
산장을 메아리 돌고
노을빛 내린 운장산의 추억은
허기진 내 인생 추억을 노래해 준다.

아가야의 첫눈

아가야!
창밖을 보려무나.
밤새워 검은 물결이 창공에 흐르더니
하얀 천사가 허공에서
하늘하늘 춤추며 내려오고 있다.

너와 나의 맘을 환상으로 나르게 하는
하얀 겨울 꽃이
오염된 대지와 만남을 끝내 거부한 채
스스로를 산화 시키고 있구나!

소복소복 쌓이지 않는 아쉬움은 크지만
그래도
시야의 미관을 충족시켜 주고 있기에
아가야와 함께
설렘으로 감상하기에는 족 하구나

아가야가 태어나서 처음 맞이하는
하얀 눈
아가야와 내 가슴에 곱게 전륜되어
인생 환희로 영원 할 것이다.

제4부

계절, 자연

봄날

하얀 목련 속살에 현혹된
내 두 초점이
능곡이 보낸 시향 속을 흐느적입니다.

긴긴 겨울을 잠들게 한
따스한 햇살에
상록수 향은 짙어가고
훈풍이 연주하는 솔바람 향연에
산사는 너울너울 율동하며
여린 들꽃은 미소 짓네요.

생동하는 산장의 절경이
영상으로 스멀스멀 스쳐가는
별빛 없는 도심엔
가로등이 불 밝혔습니다.
철없는 계절풍은
꽃샘 길 헤비여온 삼월을
세월문 밖으로 밀치고
봄날은 희망으로 부풀어갑니다.

찔레야 사랑

장미의 붉은 정열을
사랑하고 싶어서 일까
숙성되는 계절풍에 매혹되어
하얗게 피어나는 찔레야 순결이
옛사랑 내 임인 듯싶다.

언덕배기에
살가운 서녘 노을빛이 찬란하면
사금 빛 단장한 뽀얀 얼굴
푸른 달빛에 안겨 훈풍에 일렁일 때
이슥히 밀려오는 공녀의 통한을
심장이 울어 에는 가시 치유로 지새우던
찔레야 그리움이다.

사랑에 빠진 온 밤은
자투리에 걸쳐있는 봄날 환상을 갉아먹고
밤새 창틈으로 흘려보내는
찔레야 하얀 향수에
맥박은 뜀을 멈추지 못하고
별빛은 내 가슴에서 잠이 든다.

초록 사랑

붉은 가시장미 환호하던
봄날
구름처럼 흐르고
바람처럼 스쳐 지나가던
초록빛 연정
녹음으로 짙어가는 청아한 신록 향에
때를 인지했나 봅니다.

훈풍에 미끄러지는 초록 향에 미혹된 채
이별을 고할 채비에 분주한
봄의 시련에 걸쳐 앉아
그리움으로 떠나야 하는
짧은 초록 사랑이
비련으로 얽혀있는
내 임과의 아쉬움 인듯 싶습니다.

서리꽃

양지바른 능곡 타고
기어오르는 춘동春冬 바람은 정겹고
얼어붙은 대지를 지피는 생명의 입김이
혈기 올리는 잡풀 더미에 넌지시 자리한다.

허기진 별이 졸고
삭풍이 시리게 설치는 밤마다
피어나는 서리꽃
깜박이는 동편 샛별 하나 지워지면
어설픈 아침햇살 한 줌에
이슬방울로 산화되는 서리꽃이
오늘도
밀려가는 설한풍의 빈자리를
훈풍의 향기로 채우고 싶어 안달하는
봄의 초심에서
서리꽃은
매향의 봉오리를 부풀리고 있다.

입춘

퍼석퍼석 푸석이는 풀섶 위에
무뎌진 청각을 얹어 놓습니다.
샘물 퍼 올리는 생명의 소리가
혹한이 다져 놓은
동토를 들치고 있습니다.
아직은
입춘 등 언저리에 드리워 있는
시린 잔설이
설산의 주인인데
진리의 수순을 지르밟고 다가오는
봄소식에
나목들은 삼 계절을 입덧하고
허허로운 꽃망울의 꿈은
희망으로 전율 되어옵니다.

칠월 끝자락

구질게 날이던 장맛비 걷어드린
칠월이
마지막 태양을 올려놓았습니다.
허공은 용광로 열기로 가득하고
녹음 너울 파고드는 폭염 빛살
오시는 팔월 자리채비로 분주 합니다
칠월 마지막 한나절이
달아오르는 지열로 대지는 컥컥 합니다.
에이는 햇살에 알알이 모자이크 된
청포도는 없고
하얀 모시 손수건 그리움만이
폭염 속에서 이글거립니다.

후미 계곡의 아침

겨울이 걸어오는 비탈길
찬란한 아침 햇살이 정겹습니다.
성산 후미진 계곡 길 따라
곡예 하는 차창 너머로
흰서리 내려앉은 쓰러진 풀숲 위에
투명한 햇빛 조각이 반짝이자
안개가 몽실몽실 피어오르고
녹록錄錄치 못함을 알아차린
가을이
토하며 자아내는
한숨어린 애틋한 미소
시린 눈물보다 더 절실합니다.

칠월

흩뿌리던 새벽안개
우기 척척한 엄광산 비탈 내려와
열대야로 밤샘한
창가에서
폭염의 그림자로 서성입니다
기세올린 삼복열기
한 뼘 모자라서
칠월 끝이
닿을 수 없는 가 했는데
팔월을 앞에 놓고
서산 자락에 실린 칠월이
어둠으로 이슥히 산화됩니다.
정겨운 사람
팔월행복 기도합니다.

그리움의 발자국

한낮 뙤약볕이
서녘 노을 꽃잎처럼 떨어지면
어둠은 해열을 서두르고
별은 눈을 뜹니다
창가에서 서성이는
서늘바람 한 가닥 당겨 덮고
잠을 청 할 때면
돌담 밑에서 들려주던
귀뚜라미 자장가
가을 서막으로 귀전에 환청하고
탈색되어가는 그리움으로 다가오는
그날 가을이
영상으로 스멀스멀 스쳐갑니다.
가을 구석구석에 추억으로 찍힌
아스라한 그리움들이
지금 나를 그립게 하고 있습니다
그리움에 미소 짓던
그날들이
더 더욱 그리움을 사무치게 하는
가을이 오는 길목입니다.

깊어가는 시월

짙푸른 허공에 구름 꽃잎 흩어지고
화사하게 변모하는 산자락이
저무는 시월에서 애소합니다.

상강霜降의 진검 밟고
입동으로 향하는 시월의 발길에
붉은 잎사귀는 갈바람에 고스라 지고
깨어질 듯 한 파란 하늘이 서럽습니다
아직 한낮 가을 햇살이 다스 한대
겻섬 털듯 떠나는 무정한 시월이
내 가슴에 그려준
그리운 사람 초상화 한 장
반짝이는 쪽빛에 걸어놓고
노을 찍어 빼곡히 적은 가을 사연
시드는 들꽃 향수에 올려
임의 사랑 앞으로 정희 배송해줍니다.

다가오는 가을

한낮 열기 걷어 올리는
가을이
풍요로운 길목으로 걸어오고 있습니다.
원시림의 연노란 잎새
초가을 꽃으로 피어나고
구름 한 점 흐르는 열린 창공에
벽공이 눌러 앉네요
누구하고라도 같이 산책하고 싶은
가을이 오고
새벽녘 임 향한 귀뚜라미 연가
이불깃을 당기게 합니다.

가을이 톡톡 가슴을 노크하는 소리가
맘으로 서늘하게 전율됩니다.
그리운 사람 가을 행복을 기도합니다.

밤비 젖는 산장

비바람의 함성에
푸른 초목이 흘려내는 애가에다가
내 귀를
살포시 내어줍니다.

꿈을 보채는 잠이
청각을 해작질 하고
시각을 까시게 헤비고 있습니다.
흐느적이는 가지 퉁겨 자아내는
산사의 우중소리며
푸른 향기 굴리는 옥구슬 소리를
내 그냥 지나칠 수는 없습니다

홀로 지새야 하는
밤비 젖는 산장의 애련을
내 심장의 요람에서 잠들게 하고 싶은데
이 밤 따라
유독 청각을 성가시게 쑤석이는
짓궂은 잠이 밉습니다.

가을의 문턱

풀어 내리는 폭염에
싱그러운 여름날은 빛바래어 가고
연류황빛 잎사귀 너머로
가을이 조심스레 걸음을 채비한다

별을 노래하는
귀뚜라미의 찬가에
건들바람은 가을 문턱 넘나들고
조석 인사 잊지 않는
정겨운 서늘바람 옷깃에 보쌈 된
가을날 환상 꿈이
청자 빛 벽공을 유람 한다
행복이 풍요로움을 넘나드는
가을 향수에 다가
불볕에 녹아 흐르지 못한
연노랑 그리움 하나 걸어놓는다.

봄비

흐린 안개 대지에 흐르고
봄비가
온종일 보슬 거린다
해동하는 동토는
녹아내리는 눈꽃처럼 질펵이고
흙더미 들치는 새싹의 소리가
희망으로 생동합니다.

보슬거리는 봄비에
생명의 소리는 행복으로 다가오고
설한풍에 움츠린 꽃망울
해밝은 미소 피우려합니다.

따스하게 온기 올리는 봄 향기를
타박한 대지에 뿌려주는
봄비가
온종일 부슬부슬~보슬거립니다.

가을 사랑

모락모락 가을 향기 올리는
들국화 찻잔에
산장이 가을을 담소하고
계곡에서 미끄러져 내려오는
만추의 절경에
서정은 사색을 부르고
곱게 불타는 능곡위에서
서녘 노을이 꽃잎처럼 떨어질 때면
그대와 나
갈바람에 하늘거리는 들꽃 마주하고 앉아
가을사랑 갈피에 끼어 넣던
아련한 속삭임들이
지금
청자 빛 벽공에서
꽃구름으로 유람하고 있다.

가을의 여운

풀벌레들이 흘리는 가녀린 소야곡
서리 발길에 떠나 버렸고
도벌꾼에 잘려나간
잡목 등걸에 그려진 나이테의 슬픔처럼
내 가슴에서 노닐던 가을이
슬픔으로 하직인사 올립니다.

보내야하는 허전한 내 심산心酸
아장 이는 초승달 편에
가을 여파 한 움큼 올려놓고
석별의 아쉬움을 함께합니다.

싸늘히 식어가는 갈바람에
한쪽 한쪽 지워지는
붉은 잎사귀와의
쓸쓸한 이별을 헤이는 내 심상이
바시락이는 낙엽 위에 넌지시 앉아
가을 여운을 만지작거립니다.

비 내리는 산골

비가 내리면
괜스레
홀로 산골 초목 길을 종종 합니다
계곡물들의 합성소리 산장을 노래하고
비바람이 흘려주는 초록 연가 소리
발길은 종종을 멈춥니다.

빗방울이 두드리는 신록의 장단에
작은 텐트는 악단 되어 산골을 노래하고
차양 같은 텐트 안에서
모락모락 서리 김 올리는
막 커피 한 잔
비에 젖어 차디찬 입술 따스하게 적셔줍니다
빗방울이 협주하는 산골 화음에
맘은 명상 세계를 헤매고
지긋이 감겨지는 무딘 눈꺼풀은
사르르 잠을 청합니다.

서리꽃2

고스러지는 잎사귀 따라 하산하는
추동秋冬 바람에
이별을 통보받은 가을이
질서 없이 헝클어지는 잡풀 더미에서
온 밤을 지새운다.

밤마다 설치는 한풍에
시리게 피어나는 서리꽃
까만 어둠이 하얗게 깨어나고
열약한 아침 햇살이 촉 올리면
떠나는 가을 눈물로 맺혀지는
서리꽃
북풍은 쉼 없이 밀려오고
별빛이 외로운 쓸쓸한 밤
화사하게 타버린 허무자리를
백설로 치장하고 싶어 안달하는
서리꽃이
설화의 봉오리를 부풀리고 있다.

석별의 분기점

– 을미년이 오는 분기점에서

바람결 같은 한 해가
서산마루에 실린 붉은 노을로
쌓이는 세월위에 퇴적됩니다.

진통하는 한 세월에
푸르게 멍들어버린 조각달빛이
어둠을 사르르 거두고
가차이 오는 석별의 분기점을
설화로 반짝여줍니다.

빈곤으로 허덕이는 설산의 허허로움에
설한풍을 시리게 토해내는
나목들의 고행 장에서
푸른 절개 하나로 겨울 산을 지키는
상록수가
밝아오는 새해의 희망초점인
별이 사르는 은빛 꿈으로
작은 거수 양 떼에 밀려
달빛 멀리 가물거리는 청마를 전송합니다.

시샘

어제의
따사로운 햇살이 봄인가 했는데
달겨드는 꽃샘추위가
철딱서니 없는
봄 옷깃 속으로 기어들어 와
몸과 마음이 옹송그려집니다.
봄이 오는 시련의 아픔일까
혹독한 한파 속에서 망울진
행복의 꽃이
화들짝이며 피어날
봄날을 기다려 봅니다.

여름이 흐르는 숲

지루하게 추적이던 장맛비
달구어지는 후끈한 삼복이 거두어들인
여름날 숲의 하루
푸르게 달겨드는* 초목의 포만에
생명의 숨결 쉼 없이 나르고
춤추는 계절은 녹음으로 짙어간다.

온종일 폭염이 적열시킨 노을꽃
서산마루에서 잠시 노닐다가
꽃잎처럼 떨어지고
연기같이 피어오르는 검푸른 안개
산하를 노래하는 풀벌레 서곡위에
검은 적막이 겹겹이 쌓인다.
봇물 터진 그리움
설핏 기억으로 숲의 적막을 범람시키고
외로움 젖어 척척한 내 팔베개에서
졸며 깜박이는 별이 잠을 청한다.

* 달겨드는: 달려드는(전라도 사투리)

입춘2

– 급습한 한파에 얼어붙은 통도사에서

잔설풍이 웅성거리는
겨울 끝자락을 걷어 드리지 못한 채
시린 홍 매화꽃 향에 걸쳐 앉아
꽃소식 하늘거리며 호들갑이던
입춘의 허황한 자만심.

강도 올려 급습한 한파에
불심의 도량처에 피신한
입춘이
차갑게 해열되어 버린
아침햇살 한 가닥 당겨 앉아
진리의 깊이를 헤아리지 못한 오만을
두 손 합장으로 자성하고 있다.

가을과 시인

시월이 훌쩍 떠나고
식어가는 햇살을 입동이 아장입니다.

침묵으로 가고 오는 계절에서
시인은
세월 변화무상을 배우고 있습니다.
지조를 원칙으로 하는
자연의 진실 속에서
뫄줌 없이 흘러가는 시간에 목줄 메인
시인의 시상에서는
지금
붉은 열정으로 타올라 떨어지는
낙엽이 바지락이며 구르고
살랑 바람에 언덕배기 억새꽃
은빛 노래를 서글퍼하고 있습니다
투명한 가을 햇살 낙엽위에서 부서지고
깊어가던 가을은 저물어 가고 있습니다.
추객秋客들과 행복을 난장 하던
가을이
시인의 가슴에서
시물시물 삭혀지고 있습니다.

떠나는 가을

가을이 걸어온 길을
싸늘한 바람이 밀쳐 오고 있다
어지럽게 시들어가는 잡초 위에서
만추의 행복은
석별을 서두르고
깡마른 갈대가 합주하는 이별가는
진실이 흐르는 창공의 문을 열고
계절을 바꾸고 있다.

한 세월 한세월을
가슴에다가 모자이크한 나
떠밀려가는 서정 끝자락에 걸쳐 앉아
부스러기로 치장된 아린 가슴을
인고의 세월로 닦고 있다
찢기는 서글픈 내 역경이
깊게 파인 심골心骨타고
이 가을과 함께 흐르고 있다.

쑥

설한 엄동이 다져놓은 언 땅 들치고
강인한 생명력을 밀쳐 올리는
쑥
푸석이는 검부적 헤치고
엉겅퀴 같은 거친 손에
봄 향기를 주워 모은다.

구비치는 낙동강의 푸른 경관
황홀 젖은 시야에 올려놓고
봄 숨결이 평화로운 언덕 뜨락에
살가운 햇살 한 방석 펼쳐 앉아
강바람으로 지핀 검불위에
낡아빠진 양은 걸쳐놓고
훈풍에 숙성된 매향 설설 뿌린
쑥국으로
겨울 네네 묵은 신맛의 흔적 지우고
향긋한 봄맛을 감치어 준다.

설산의 독백

허공에 흐르는 설한 물결이
공허한 산장 비련을 향해
눈꽃 송이를 하염없이 흩으려 줍니다.

깊어가는 산사엔 하얀 적막이 쌓여가고
백야의 환상을 뒤적이는 아린 심상이
백설의 한파로 채색된
설산의 외로움을 빼곡히 적어
당신 사랑 앞으로 배송합니다.

겨울 낭만은 설화 정취에 침묵하고
짙어가는 산사의 어둠은 고독을 부릅니다.
연민으로 목줄 매어있는 그리움
깡마른 풀대에 얼어붙은 채 울어 에고
백야의 독백으로 얼룩진 적막이 쏟아 내리는
싸락눈이
산장의 숨결에 소록소록 쌓여갑니다
은빛 고독은 외로움을 향해 밀려오고
동면하는 생명의 희망 같은
당신의 포근한 사랑이
내 가느다란 심근 줄을 에이고
설산의 독백 길을 걸어옵니다.

시월의 잎새

무서리 바람 계절을 띄우고
메말라가는 잎새에 걸쳐 앉은 입동이
고스러지는 가을의 비련을 만지작거린다.

화사하게 타다 남은 떡갈나무 잎새의
붉은 온기 가시지 않은 마지막 밤
고독이 빼곡히 적어 놓은 사색을
주섬주섬 챙겨든 만추가
어적이는 발길을 조막 거린다.

가을 사랑 버팀목 십일월의
가느다란 가지에 매달린 잎사귀
못다 한 채색의 아쉬움을 석별에 담아
세월에 떠내려가는 시월의 안타까움을
찬비 젖는 어둠 내내 울어 에고 있다.

▌해설

휴머니즘적 육성과 자아와 타자에 대한 구원의 서정 미학 – 백승록 시인의 시세계

최영구
(시인, 문학박사)

시에도 대세나 유행 같은 게 있다고 생각하는 게 요즘 평론가들의 견해다. 일부 독자는 청록파 시대나, 신석정이나 장만영, 김영랑의 낭만적 서정에 머물고 있는데 시는 유행이나 대세를 따라 끊임없이 변하고 있으니 이런 경향을 시에서의 대세나 유행 혹은 패션으로 보아야 할 것이다.

독자들의 입장에서 보면, 독자들은 별 관심을 두지 않는데 시는 자꾸 유행을 좇아 화려한 변신을 계속한다면, 시와 독자들의 거리가 생길 수밖에 없을 것이다.

시가 아무리 유행을 따른다 해도 유행을 위해 시 자체를 파괴해 버린다면 그런 시는 시나 산문이 아닌 장르 개념이 모호한, 말장난이 되어버릴 것이다. 그런데도 시적 요소의 부재나 파괴가 계속된다면 독자들의 실망은 그에 비례해 크질 것이고 결국 시는 독자들로부터 더욱 외면당하게 될 것이다.

요즘 유행하는 산문시 특히 산문시 중에서도 전언도 의미도 가늠할 수 없는 모르스부호나 기호 혹은 주문을 듣는 듯한 산문시가 그런 류라 할 것이다.

그렇다고 과거의 낭만시의 서정에 머물자는 말은 아니다. 세상의 모든 변화처럼 시도 시대에 따라 시대상을 반영하고 정서나 서정도 시대의 정서에 따라야 할 것이다. 말하자면 시도 시대의 사조나 의식에 따라 변화를 추구해야 한다. 그러나 맹목적인 패션처럼 유행을 위한 유행에 좌우되어서는 안 될 것이다. 장르적 변별력이나 장르의 필연적 요소들을 최소한 유지하면서 시대에 따라 창조적 계승을 해야 한다는 말이다.

시가 어려워지고 변화하는 바탕에는 여러 가지 원인이 있겠다. 그 원인 중 주목할 점을 든다면 요즘 현대시는 과거의 재현이나 모방이 현상에 매달린 외현묘사에 불과하다고 보고 19C 낭만적 상징성이나 현실 모방이나 재현에 머물지 않고 변화를 추구한다는 점이 그 하나다. 시적 대상에 대한 새로운 인식 없이는 시의 내적 필연성을 창조해낼 수 없다고 보는 것이다. 여기서 새로운 인식이란 시적 대상에 대한 세심한 관찰과 인식을 바탕으로 대상만이 갖는 특유한 인상이나 진정한 본질에 접근하고자 시도해 얻은 인식이다. 그런 류의 인식이 바탕에 깔린 시는 대체로 난해한 시가 되거나 낯선 시가 될 공산이 크다. 왜냐하면 새로운 인식이 진정한 재현이라고 보는 시각이 지배적인 시는 그

새롭게 인식된 재현으로 인해 독자들에게 낯설고 생소하게 보이기 마련이기 때문이다. 그런 인식이 바로 네오리얼리즘의 출발점이다. 그리고 현대시는 바로 이 네오리얼리즘에서 출발한다고 해도 과언이 아니다. 네오리얼리즘이 추구하는 이상은 주관을 배제한 채 심미적 관조에서 시적 대상의 본성을 인식하고 재현하고자 하는 상상력에 의존해 시를 창조하는 데 있다. 그런 현대시들은 대체로 독자들에게 낯설게 느껴질 것이다.

또 하나는 새로운 인식에는 항상 새로워진 언어가 필수요건이 된다. 새로운 언어는 일상적 언어의 억압에서 벗어난 언어이다. 말의 절대적 정복을 통해서 새롭게 얻어진 언어들이다. 그리고 이 새로운 언어만이 의식을 새롭게 비출 수 있다고 믿는다. 따라서 시인들은 은유, 상징, 알레고리, 역설, 신화, 이미지에 의존해 언어의 한계를 넘어서고자 한다. 그래서 현대시는 단순한 묘사나 진술을 떠나 은유, 상징, 알레고리, 역설, 신화를 바탕으로 한 이미지에 의존하게 된다. 즉 시에서 낯설게 하기가 자연스레 이루지는 것이다. 그런 점들이 현대시가 난해해지는 또 하나의 이유이다.

현대시에서 위에 언급한 변화는 바람직한 변화이다. 그런 현대시조차 난해한 시라고 치부해 버린다면 고답적인 시만 시 대접을 받게 될 것이다. 복고적인 시, 고답적인 시는 절대 매력적인 시가 될 수 없다. 왜냐하면 현대시는 현대시다워야 하기 때문이다. 그처럼 보수적인 시관과 진보적인 시관의 차이는 뚜렷이 구별된다.

백승록 시인의 시를 대하면 위에서 언급한 복고적인 시와 현대시의 시관을 생각하게 된다. 그의 시는 사실 복고적인 시도 다양한 변화를 추구한 패션적 현대시도 아닌 것 같다. 모든 이념이나 경향이나 사조에는 중립인 중간 지대가 있기 마련이다. 우리는 흔히 그런 중립지대를 중용이라고 말한다. 중용적 현대시, 그게 바로 백승록 시인의 시 스타일인 것 같다.

가.

바람결 같은 한해가
서산마루에 실린 붉은 노을로
쌓이는 세월위에 퇴적됩니다.

진통하는 한 세월에
푸르게 멍들어버린 조각달빛이
어둠을 사르르 거두고
가차이 오는 석별의 분기점을
설화로 반짝여줍니다.

빈곤으로 허덕이는 설산의 허허로움에
설한풍을 시리게 토해내는
나목들의 고행 장에서
푸른 절개 하나로 겨울 산을 지키는
상록수가
밝아오는 새해의 희망초점인
별이 사르는 은빛 꿈으로

작은 거수 양 떼에 밀려
달빛 멀리 가물거리는 청마를 전송합니다.

-「석별의 분기점」 전문

[을미년이 오는 분기점에서]

이 시에서 페르소나(서정적 주체 또는 서정적 자아 혹은 화자를 대신해 이 글에서사용한다) 는 한 해를 보내고 새로운 해를 맞으면서 그 감회의 정서를 '석별'이라 말한다. 석별의 사전적 의미는 '애틋한 이별 또는 이별을 애틋하게 여김'이라 풀이한다. 한 해는 일 년의 마지막 시간 단위다. 우리는 늘 새로운 해를 맞을 때마다 기대와 희망을 갖는다. 그러나 대체로 그 기대와 희망은 바라는 대로 이루어지지 않는다. 그래서 우리는 한 해를 맞고 보낼 때마다 인간적 아쉬움을 느낀다. 그것은 그만큼 세상만사가 그렇게 호락호락하지 않기 때문이기도 하다.

이 시는 그런 보편적 정서를 시화하면서도 감상적 언어를 배제한다. '바람결 같은 한 해' '붉은 노을로 쌓이는 한 해' '설화' '조각 달빛' '별을 사르는 은빛 꿈' 같은 언어가 감상을 절제한 시적 언어들이다. 지나간 세월의 퇴적과 새로 다가오는 한 해의 분위기가 '설산'과 '설한' '설화'를 통해 드러난다. 그러면서도 '나목들의 고행장'임에도 불구하고 '겨울산을 지키는 상록수'를 통해 분위기를 반전시킨다. 새해에 대한 희망과 기대를 보여주는 것이다. 섣달의 한파에도 또 다른 한 해를 기대하는 희망이 엿보이는 시다. 직접 인간적 절망이나 희망을 이야기 하지 않으면서도 연말의 분위기와 겨울 한파 속에서 을미년을 맞는 기대와 희망이 비유적 이미지나 시각적 감감적 이미지를 통해 드러나고 있다.

이 시에서 특히 주목할 점은 보내는 해는 석별이어도 새로 맞는 한 해는 희망적이어야 한다는 점이다. 이 시의 분위기와 톤은 그런 것을 암시한다. 그게 어떤 시가 됐던 시에서 중요한 점은 독자들에게 희망을 심어줘야 한다는 점이다. 그래서 시에서는 절망을 노래해도 그건 절망을 위한 절망이 아니라 희망을 위한 절망의 역설이란 점이다.

이 시는 평이한 시에 속한다. 그러나 그렇다고 닫힌 시는 아니다. 왜냐하면 이 시는 분위기와 톤에 의해 선달의 분위기와 새해를 맞는 심정을 암시하고 있기 때문이다. 얼른 보면 복고적인 시 같지만 사실 이 시는 고답적인 시가 아니다. 감각적 묘사적 이미지로 한 해를 보내고 새해를 맞는 정서를 잘 시화하고 있기 때문이다.

그렇다고 이 시가 완전히 새로워진 패션에 가까운 시는 아니다. 그건 이 시에 쓰인 대부분의 시어들이 일상어의 보편적 관념을 내포하고 있기 때문이다. '석별'이라는 시어가 그 대표적인 예이다. 이미 앞에서 전제한 것처럼 백승록 시인의 시는 복고적 시인가 아니면 새로워진 시인가? 를 전제하면서 양자의 어느 쪽에도 속하지 않는다는 언급을 한 바 있다. 복고풍과 새로움을 다 겸비한 시가 백승록 시의 개성이다. 말하자면 복고파가 아니라 시 장르의 근원적 요소들을 중시한 근원파에 속한다고 볼 수 있다.

나.

가을이 걸어온 길을
싸늘한 바람이 밀쳐 오고 있다
어지럽게 시들어가는 잡초위에서
만추의 행복은
석별을 서두르고
깡마른 갈대가 합주하는 이별가는
진실이 흐르는 창공의 문을 열고
계절을 바꾸고 있다.

한 세월 한 세월을
가슴에 모자이크한 나
떠밀려가는 서정 끝자락에 걸쳐 앉아
부스러기로 치장된 아린가슴을
인고의 세월로 닦고 있다
찢기 우는 서글픈 내 역경이
깊게 파인 심골心骨 타고
이 가을과 함께 흐르고 있다.

-「떠나는 가을」 전문

가을을 테마로 한 시일수록 심미적 관조가 필요하다. 왜냐하면 가을은 우리를 센치하게 만들기 때문이다. 관조라는 말은 그 자체가 주체의 주관을 배제한 거리두기이다.

「떠나는 가을」은 2연으로 된 시이다. 첫 연에서는 타자인 가을을 주로 바라보며 느끼는 서정이 중심이다. '가을이 걸어온 길'은 가을이 깊어 감을 '만추의 행복'은 성숙과 풍성한 수확을 암시하고, '깡마른 갈대의 합주'는 조락해 가는 가을을 묘사하고 '창공의 문을 열고 계절이 바꾸고 있다'에서는 가을이 겨울로 바뀌어 감을 시적으로 표현한 말이다.

둘째 연에서는 시적 대상인 가을의 외현에서 감정 이입이 이루어진다. '세월을 가슴에다 모자이크한 나'는 감정이입의 발단이다. '서정 끝자락에 걸쳐 앉아 (생략)아린 가슴을 인고의 세월로 닦고 있다'는 가을을 맞으면서 그간의 삶이 고행이며 평탄하지 못했거나 굴곡이 많았음을 시사하는 시어들이다. 인생은 늘 그렇다 지나고 보면 인고의 세월을 살아왔음에도 열매도 수확도 보잘것없는 듯하여 회한에 사로잡히기 마련이다. 비록 삶의 수확이 풍성했더라도 우리는 보다 더 큰 기대와 욕망으로 인해 현실에 만족할 수 없게 되고 그래서 아쉬움 속에서 한 해를 보내고 맞게 되는 것이리라. '서글픈 내 역경이/ 깊게 파인 심골을 타고/ 이 가을과 함께 흐르고 있다'에 이르면 이 시에서 첫 연은 도입부에 불과하다는 걸 알게 된다. 이 시의 시상의 중심은 둘째 연이라 해야 하겠다.

인간은 늘 자기를 되돌아보는 존재다. 자기를 되돌아보면서 보다 나은 내일을 꿈꾸고 이상적 자아에 접근하기를 기대한다. 특히 시인은 그렇다. 부조리한 현실과 비이성적 현실에 함몰하지 않고 이성적 인간으로 존재하기를 꿈꾸는 게 시인이다. 또한 가을은 시인에게 그런 자극을 주는 계절이기도 하다.

다.

별빛 없는 긴긴 섣달 밤
북풍적막은 곤히 잠들어있고
설한물결이 내려놓은 시린 밤바람에
한풍마저 가까이 할 수 없는
겨울비가
움츠린 엄동설한을 적시고 있다

아직은
앙상한 실가지 끝에 은신해야 하는
봄의 생기
차가움에 가로등불 마저 고개 숙인
겨울비 속에서
얼어붙은 한기를 밀치고 귀환 할
어린 생명들의
꿈을 부풀려 주고 있다.

-「겨울비」 전문

시 「겨울비」도 앞 연에서는 추위가 매서운 엄동설한에 내리는 밤비를 묘사적 이미지로 재현하고 있다. 한겨울밤에 내리는 비와 겨울비로 젖은 한겨울밤의 음산한 분위기와 서경 묘사가 첫 연의 중심이다. '한풍마저 가까이 할 수 없는/겨울비가/움츠린 엄동설한을 적시고 있다' 가 서경의 재현과 분위기의 중심이다.

둘째 연에서는 "아직은/ 앙상한 실가지 끝에서 은신해야 하는/ 봄의 생기"와 "얼어붙은 한기를 밀치고 귀환할/어린 생명들의/꿈을 부풀려 주고 있다" 겨울 추위와 한기, 겨울

밤과 비가 아무리 가혹해도 생명의 봄을 좌절시킬 수 없다는 점을 시화하고 있다. 백승록 시인의 시는 대부분 앞부분에서는 서경 중심의 자아나 타자의 절망적 상황이나 현실을 배치하고 뒷 연에서는 그런 상황 속에서도 좌절을 넘어서는 희망의 빛을 담아내고 있다.

이 시를 두고 직접 우리의 삶이나 인생에 비유시켜, 암울한 현실(한 겨울밤의 차가운 비)에서도 희망과 미래를 꿈꾸어야 한다는(봄을 꿈꾸는 어린 생명들) 시로 읽고 싶지는 않다. 그런 의식과 관련이 없다고 하더라도 독자에 따라서는 그렇게 읽을 수도 있다. 그럴 경우 이 시는 알레고리나 알레고리적 상징의 시라 할 수 있다. 그러나 시인은 이 시에서 알레고리적 언어 사용을 의도적으로 드러내지는 않고 있다.

이 시는 추운 겨울밤비 속에서도 봄을 기다리며 생명을 지키고 가꾸며 겨울을 견디고 있는 나무와 잎을 보며 그 경이적인 생명감을 시화한 것이다. 곧 그런 생명에 대한 애착은 모든 존재에 대한 애착과 사랑이라 해야 할 것이다.

라.

봄 햇살에 피어오르는 사랑처럼
하얗게 타오르는 너의 열정에
시야는 어지럽고
격정을 가누지 못하는
붉은 심장의 함성을
당신은

고혹한 숨결의 향연으로 화답합니다.

하얀 환희가 춤추는 마지막 밤
소갈머리 없는 검은 물결이
별빛 달빛 가려놓아
외로운 가로등이 봄비 젖어 슬피 웁니다
지새우는 비바람에 시퍼렇게 피멍들러
허무가루로 흩어지는
당신의 분신을 휘날리며
아스라이 멀어지는 세월열차 기적소리가
이별을 쓸쓸하게 흘려줍니다.

-「순백의 넋」 전문

시 「순백의 넋」은 한겨레신문에 실린 작품이다. 시 '순백의 넋'은 앞에서 예로 든 백승록 시인의 다른 시들보다 더욱 새로워진 시라 할 수 있다. 왜냐하면 언어가 새롭고 시적 대상(상황)에 대한 인식이 새롭기 때문이다.

시 '순백의 넋'은 세월호 참사 1주년이란, 우리가 결코 겪어본 일이 없는 가장 비극적인 상황 중의 하나를 다룬 시이다. 그러면서도 현상적 재현과 비애나 슬픔과 관련된 감상적 언어가 절제되었고, 특히 서정적 주체의 시선 역시 성정이 깊으면서도 관조적이린 점이 인상적이다. 아울러 이 시는 그런 비극에 대해 선불리 명명하려 들거나 명제하려 하지 않는다. 다만 순수 열정의 상징이요, 미래가 기대되는 젊은 학생들을 떠나보낸 후 일 년 이란 세월 동안 겪어야 했던 아픔과 비극적 상황 을 시적 상상력과 창조력을 발휘해 유기적으로 결합하여 진술해낸 시이다. 앞에서 현대시의 변화랄까 진화에 대해 길게 언급한 바 있다. 이 시는 시적 요소나 장르의 특성을 무모하게 파괴하지 않고 살려내면서도 현대시로서의 변화를 성공적으로 이루어낸 작품이라 하겠다.

첫 번째 연에서의 '하얗게 타오르는 너의 열정' '붉은 심장의 함성' 은 한창 피어날 젊은 목숨들에 대한 애착과 연민을 시화하고 있다. 우리에게 더없이 소중한 존재들, 그들이 세월호에 희생된, 고교생인 학생들이다. 그들이야 말로 때 묻지 않은 열정과 순결로 자신들의 장래는 물론 우리 사회를 순화하고 일구어갈 인재들이다. 더구나 그들은 배가 뒤집어지는 위급한 상황에서도 서로를 믿었고 서로에게 의지했고 우직하리만큼 규칙을 따랐다. 그들은 한 번도 인간이 인간을 배반할 수 있다는 걸 인정하지 않았고 거부했다. 그런 그들을 생각한다면 어찌 애착과 연민과 슬픔이 없을 수 있겠는가.

1연에 이어 다음 연에서는 그들을 보내야 했던 일 년 동안의 아픔이 암시되어 있다. "하얀 환희가 춤추는 마지막 밤" "소갈머리 없는 검은 물결" "허무가루로 흩어지는" "세월열차 기적소리가 이별을 쓸쓸하게 흘려줍니다"를 통해 이별의 아픔을 시적으로 형상화하고 있다.

시 '순백의 넋'은 비유로 역설로 그들의 죽음으로 인해 겪어야 했던 슬픔과 아픔을 가슴에 삭혀야 했던 비애의 정서들을 여러 시적 언어의 장치들로 또는 새로운 시적 언어와 인식으로 그 비애의 서정을 시화한다. 그러고 보면 시 '순백의 넋'은 보기 드문 현대적 서정시로 성공한 작품이라 하겠다. 그리고 이 시 또한 휴머니즘 정신의 육성이 그대로 베어난 시라 하겠다. 아울러 이 시는 백승록 시인의 시인으로서의 저력을 다시 한 번 확인할 수 있는 작품이라 하겠다.

마.

그대 사랑이 내 가슴에 있기에
가물거리는 맥박은 멈출 수가 없습니다.
태양빛은 어둠으로 산화되고
병실 유리창 너머
별빛이 쏟아 내리는 밀어를 음미하는
내 영혼이
은하수를 종종걸음 합니다.

따스한 그대 숨결이
내 심장에 맥박치고 있기에
절망의 외로움은 없습니다.
엄동설한 시리게 퍼붓는 눈발 들치고
몸부림으로 미소하는 새싹들의 봄날향연처럼
내 심신은 황홀합니다.

암흑의 두려움 속에서 꿈틀대는 삶……
원액 같은 진실한 그대 사랑은
비상을 갈망하는
내 의지의 날개를 접지 않았습니다.

혹독한 겨울을 잠들게 하는
봄날의 자장가 사랑처럼

-「내 영혼속의 그대」 전문

시「내 영혼속의 그대」는 사랑이 얼마나 위대한가를 보여주는 시다. 병도 사랑을 이길 수는 없는 모양이다. "그대 사랑이 내 가슴에 있기에/가물거리는 맥박은 멈출 수가 없습니다"라고 말한다.

사랑이란 인간과 인간이 서로를 의식하고 존중하고 배려할 때 싹트게 되는 것이리라. 현대 사회는 자기 이익과 재화와 물질을 위해 인간과 인간은 물론 자신과 주위의 다른 사물과의 관계도 의식하지 않는 사회라고 말한다. 생산과 물질 위주의 서구 문명에서 출발한 그러한 사고는 물질이나 재화보다 더 소중한 인간관계나 최소한의 윤리적 이성마저 상실하게 한다. 인간성 회복이란 인간과 인간, 인간과 주위의 다른 사물의 관계를 소중히 여기고 되돌아보는 이성의 회복에 있을 것이다. 사랑은 그런 비이성적 현대 사회를 치유하고 서로의 관계를 회복해 우주적 생명의 원리를 복원해 내는 힘이라 할 것이다. 생명 원리에 의한 서로의 관계에서 가장 인간적이고 열정적인 힘을 발휘해 내는 것이 사랑의 힘일 것이다. 시 '내 영혼속의 그대'를 읽고 있으면 사랑의 그런 힘을 재발견하게 된다. "따스한 그대 숨결이/ 내 심상에서 맥박치고 있기에/절망의 외로움은 없습니다"가 곧 그것을 말해준다. "원액 같은 진실한 그대 사랑은/

비상을 갈망하는/ 내 의지의 날개를 접지 않았습니다" 이쯤 되면 사랑의 힘이 얼마나 강열하고 위대한 힘인가를 보여준다. 사랑은 병상에서의 좌절도 이기게 해 주는 힘이 되는 것임을 이시는 말해준다.

사랑은 그게 이성적 사랑이건 혈육의 사랑이건 우애에서 출발한 사랑이건, 그건 휴머니즘 정신의 중심이다. 이 시에서의 사랑은 이성적 사랑으로 읽을 수도 있고 부모 자식 간 특히 어머니의 사랑일 수도 있다. 그러나 그런 문제는 크게 중요하지 않다. 그것보다 사랑과 사랑의 힘이 얼마나 위대한가가 더 중요하지 않을까! 바로 이 시는 그런 사랑을 깨닫도록 해 주는 시이다. 이 시를 읽고 있으면 사랑이여 영원하라고 마음속으로 외쳐보고 싶다.

바.

당신의 매서운 사랑으로
내 인생은
삶의 지혜로움을 배웠습니다.

나의 작은 영혼 속에서
알알이 탐스럽게 익어가는
진리의 열매
당신의 금쪽같은 분신의 사랑으로
잉태된 것입니다.

마음 아프게 에이는
당신의 여울 같은 지침……

정숙으로 한 움큼씩 받아먹던
내 지혜들의 심장에서
전설같이 사라지지 않는
금빛 교훈으로 남아 있습니다.

-「어머니」 전문

시의 테마는 늘 새로운 것에서 출발하는 것이 아니다. 일반적으로 시는 보편적 테마나 일상적인 대상이나 삶에서 새로운 정서나 의미를 창조해 내는 것이다. 시는 사사로운 것에서 우리가 미처 깨닫지 못한 관념이나 정서를 일구어 내어 시라는 예술로 승화시켜내는 것이다.

시 「어머니」는 어머니의 사랑이라는 보편적 테마를 시 예술로 승화시켜낸 것이다. 어머니의 사랑은 백승록 시인에게만 한정되는 것이 아니다. 어머니의 사랑은 누구에게나 보편적인 것이다. 모든 사람들의 가슴에는 어머니의 사랑이 자리하고 있다. 어머니의 사랑으로 우리 모두는 이 세상에 존재하게 되는 것이다. 그래서 흔히 어머니의 사랑이야 말로 가장 위대하면서도 가장 순수한 사랑이요, 어머니의 사랑은 전 우주적인 것이라 말한다.

백승록 시인의 시 '어머니'에서도 그런 사랑이 묻어나 있다. 그러면서도 "당신의 매서운 사랑으로/ 내 인생은/ 삶의 지혜로움을 배웠다"고 진술한다. 어머니의 사랑이라는 관념어를 '매서운 사랑'으로 구체화한다. '매서운 사랑'이란 어떤 사랑일까? 매서운 눈초리 같은, 정말 말 그대로 가혹하고 혹독한 사랑일까? 독자들은 독자들대로 그들의 열망을 시적 언어에 투사해 시의 언어를 읽어낸다. 독자는 이 시에서 '매서운 사랑'이란 어느 누구도 감히 범접할 수 없는 자식에 대한 절대적 사랑을 말하는 것임을 감지할 것이다. 사랑으로 자식을 감싸면서도 자식이 이성적 행위를 포기할 때 가혹하리만큼 양보하지 않고 바른 길로 이끌어 가는 사랑, 이 모두를 포괄하는 사랑일 것이다. '매서운 사랑' 그 감각적인 시어로 여러 의미를 거느려 압축된 언어가 되게 하는 그런 언어가 바로 시의 언어이다. 그리고 "나의(생략)/ 알알이 익어가는/ 진리의 열매/당신의 분신의 사랑으로/잉태된 것입니다" 시인의 정신에 자리한 정의로움이나 진리에 대한 갈망과 지향은 모두 어머니의 사랑에 의한 깨우침에서 비롯되었음을 진술하고 있다. 어머니 당신이야 말로 진리의 화신이며 사랑의 화신이며 전 우주 같은 신비의 생명력과 이성을 심어주신 화신이라고 이 시는 화자를 통해 대신 말하는 듯하다. 그리고 마지막 연에서 "내 지혜들의 심상에서/ 전설같이 사라지지 않는/금빛 교훈으로 남아 있습니다."라고 토로한다. 어머니의 그 고귀한 사랑을 '금빛 교훈'이라 말하면서 어머니의 사랑을 마무리한다. 이 시에서 백승록 시인은 '어머니의 사랑'이란 관념을 눈부신 시 예술로 승화해낸다.

사.

노란 가로수 잎새가
달빛에 젖어 아름답기에

해맑은 아가야의 모습 그려놓고 싶으나
서리바람이 걷어 갈까 봐
달빛에 반짝이는 해변의 모래알이 낭만어려
아가야의 고운모습 그려놓고 싶다만
밀려 오가는 포말이 안고 갈까 봐
휘영청 추야 둥근달에
정겨운 아가야 모습 그려 줄까 하였는데
밤이 차면 기울까봐
조심스럽고
우리 아가야의 귀여운 모습
그려놓을 곳은
딱 한 자리 두 자리
허허로운
할머니 할아버지 두 심근뿐이네

-「아가야의 미소」 전문

앞의 시 「어머니」가 어머니에게서 받은 사랑이라고 한다면, 시 「아가야의 미소」는 어버이로서 후손에 대한 사랑을 절묘하게 조탁해낸 시라 하겠다. 역시 어버이로서 주는 사랑의 매서움이 느껴지는 시다. 한 마디로 말한다면 후손에 대한 어버이의 절대적인 사랑이 베어난 시라 할 것이다. 무엇도 내 혈육을 대신할 수 없고 무엇도 내 혈육보다 더 귀중할 수 없다는, 혈육에 대한 사랑의 절대성을 잘 그려 낸 시 이기도 하다.

단연으로 된 시이지만 그 느낌이 강열한 시다. '달빛을 받은 아름다운 가로수 잎도', '달빛 아래 낭만적이리만큼 아름다운 모래의 모습'도, '휘영청 밝은 가을달의 모습'도 내 사랑스러운 혈육(손자 혹은 손녀)을 대신할 수 있거나 후손에 견줄 수 없다고 암시한다. 이 시에서는 그런 암시를 '그려놓고 싶지만'이란 말로 대신하면서, '서리바람이 걷어 갈까봐', '포말이 안고 갈까 봐', '밤이 차면 기울까 봐' 라는 또 다른 언어로 대신한다. 이 시는 언어의 병치법으로 시의 언어를 새롭게 하고 있다. 그리고 그런 병치적 언어로 후손에 대한 사랑을 형상화해 가는 백승록 시인의 시적 상상력과 수사력이 놀랍다.

시적 상상력의 의도성에 의해서만 시인의 넋은 모든 진짜 시의 의식적인 열림을 발견해 내는 것이다. (가스똥 바슐라르) 시인은 상상력을 동원해 이미지를 창조할 뿐만 아니라 시다운 시를 창조해 낸다. 그러므로 시인의 상상력이야 말로 시 창작력의 근원이라 할 수 있다.

아.
티 없는 하늘은 멀리 있고
붉은 산장으로 채색된 당신과 내 심장이
유리알가루로 쏟아 내리는
현란한 창공을 거닐고 있습니다.

익어가는 가을 바람에
겨울 산장지기 상록수는 나이테 그리고
낙엽수는 오색 요정을 비행시키고 있습니다.
들국화 향기에 도취된 내 마음이
낙엽수의 고운 잎사귀 되어
당신의 숨결타고 산장을 비행하고 싶어합니다.

선명한 사계절이 반겨주고
노을빛이 담아주는 자연향기 가득한 터전을
이 가을이
당신과 내 심장에 내려놓고 있습니다.

초롱초롱 반짝이는 별들과
무언으로 속삭이던 따스한 두 손은
솔바람 자장가에 황홀한 꿈의 세계를 헤매고
조잘대는 새들의 새벽 햇살 향연에
잡은 손이 일어나는 곳……
여기가 바로
찌든 삶의 묵은 때를 씻어주는
당신과 내 영혼의 안식처
백암골 이랍니다.

-「영혼의 안식처」
[장수군 계북면 백암골에서]

마지막으로 위에 인용한 그의 시 「영혼의 안식처」를 살펴보고자 한다.

짐작컨데 시 '영혼의 안식처'의 '처'라는 공간은 아마 그가 태어나고 자란 고향이 아닐까 생각한다. 고향을 안식처로 생각하지 않는 사람이 누가 있겠는가마는 하물며 고향이 문명에 더렵혀지지 않은 순수 자연그대로의 고을이라면 더욱 그럴 것이다.

시 '영혼의 안식처'는 서경시에 속한다. 서경시는 묘사적 진술이 중심이다. 이 시는 절묘한 서경묘사가 돋보이는 시이다. 시인은 도회지에서 살게 된 자신이 물질문명에 구속

당하고 생산과 경쟁에 시달리며 인간적 이성마저 지켜내기 어려운 삶에서 벗어나 인간과 순수 자연이 공존하는 고향을 돌아보며 고향의 정서에 흠뻑 젖는다.

"유리알가루로 쏟아 내리는/ 현란한 창공" " 낙엽수는 오색 요정을 비행시키고 있습니다"에서 시작해, "노을빛이 담아주는 자연향기 가득한 터전" "초롱초롱 반짝이는 별들과 /무언으로 속삭이던 따뜻한 두 손은/ 솔바람 자장가에 황홀한 꿈의 세계를 헤매고" 이쯤 되면 백암골이 얼마나 더렵혀지지 않은 순수 자연이 그대로 공존하는 고을인가를 짐작하게 한다. 우리는 도회지에서 무엇이 되기 위해, 다시 말하면 남에게 인정받는 허울뿐인 출세를 위해 어쩔 수 없이 자아를 잃어버린 삶을 살게 된다. 누구도 도회지의 삶에서는 그런 경쟁의 굴레에 벗어날 수 없고 초연할 수 없게 된다. 그런 서정적 자아가 고향에서 순수 자연에 도취되고 상처투성인 마음을 위로받고 치유 받는다. 그래서 백암골을 '영혼의 안식처'라 명명한다. "찌든 삶의 묵은 때를 씻어주는/ 당신과 내 영혼의 안식처/백암골입니다"가 그걸 말해주고 있다. 이 시를 읽고 있으면 정지용 시인을 비롯한 일련의 모드니즘 시인들의 언어를 떠올리게 한다.

위에 인용한 시편들뿐만 아니라 백승록 시인의 시 전편에서 감지되는 시적 특성이랄까, 경향들을 밝히고 이 글을 마무리하고자 한다.

백승록 시인은 수필가로 먼저 등단한 수필가요, 그리고 또 여러 신문에 칼럼도 쓰는 산문 작가이기도 하다. 그런데도 그의 시에서는 시적 장르성을 일탈한 산문성이 거의 느껴지지 않는다.

그의 시는 본격인 우리 현대시 시사의 출발점에서 보인 모더니즘적 기법과 서정성도 계승하면서, 나아가 더 새로워진, 오늘 우리 현대시가 보여주는, 시적 대상에 대한 새로운 인식이나 언어, 보여주기 기법과 시적 장치인 여러 현대적 수사도 그의 시에는 공존하고 있다. 앞에서 백승록의 시를 복고적 시나, 보수적 시와 현대시의 중간지대인 중립적인 시, 다시 말하면 중용의 시라고 말한 바 있다. 그것은 곧 그의 시가 과거와 현대를 아우르는 그런 시적 장르성에 충실한 시라는 말이다.

특히 백승록 시인의 시가 돋보이는 이유는 서정성의 내면에 자연에 대한 경외감, 모든 존재들에 대한 경이감, 그리고 인간사에 대한 따뜻한 시선과 함께 삶에 대한 근원적 성찰이 다루어져 읽는 이로 하여금 자아나 타자에 대해 긍정적 시각을 갖게 하고 희망의 성정에 들게 한다는 점이다.

그러면서도 백승록 시인의 시에는 섣부른 도덕적 판단이나 이념적 발언, 단선적인, 교시적 발언이 절제되어 있다. 다시 말하면 휴머니즘적 정신을 바탕으로 서정적 정서를 다지고 쌓아올리면서도 아포리즘적 발언을 자제하고 있는 것이다. 그런 점 또한 백승록 시의 큰 장점이라 하겠다. 나보다는 시적 타자를 앞세운, 타자에 충실한 시가 바로 백승록 시인의 시의 특성이라 하겠다.

현대시에서는 대체로 아포리즘적 성향을 경계한다. 그러

나 시에서 관념이나 이념이 완전히 배제될 수는 없다. 관념이 끼어들더라도 철저히 사물에 의해서 운반되어야 한다는 게 현대 시인들의 시각이다. 백승록 시인의 시에서도 그런 현대시의 특성들이 발견된다.

아울러 백승록 시인의 시의 또 하나의 특성은 시의 여러 요소들, 이를테면 시의 의미, 정서, 이미지들이 잘 조화를 이룬다는 점이다.

백승록 시인의 이번 시집의 시는 현대시로서 특색 있는 그런 시적 조화는 물론 개성 있는 정서와 의미들로, 독자들로 하여금 공감과 감동에 동참하게 해 줄 것이라 믿는다.

마지막으로 백승록 시인이 현대시 성향과 작법들에 더욱 충실하면서 자기 시에 개성적 서정성을 더해간다면 시인으로 대성하리라 믿는다.

꿈을 가꾸는 인생

인쇄일: 2015년 11월 15일
발행일: 2015년 11월 20일

지은이: 백승록
펴낸이: 최경식
펴낸곳: 도서출판 청옥문학사
인쇄처: 세종문화사

등록번호 제10-11-05호
전화: 051-517-6068
E-mail: kyu500@hanmail.net

ISBN 978-89-97805-39-6-03810

값 10,000원

* 2015년 부산진구 문화예술 창작집 발간 지원금을 일부 지원
  받아 제작되었습니다.